„Mit WW habe ich gesunde Essgewohnheiten entwickelt.“

WW Mitglied Tanja liebt dieses Buch und hat die Rezepte für dich getestet. Auf den Seiten 6–7 findest du ihre Erfolgsstory und persönlichen Lieblingsrezepte.

Tatar-Gemüse-Ragout, S. 30

Inhalt

Rezeptinfos

3

PersonalPoints™ Wert
pro Person / Glas / Stück

3–8

PersonalPoints™ Range
pro Person / Glas / Stück

PersonalPoints™ tracken

Scannen & tracken für alle WW Mitglieder

Wir haben jedem Rezept einen QR-Code für schnelles, nahtloses Tracking in der WW App hinzugefügt. Mehr Infos findest du auf der inneren Umschlagseite.

Kochvideos ansehen

QR-Code scannen und Kochvideos entdecken.

vegetarisch

vegan

glutenfrei

laktosefrei

nussfrei

Willkommen zum **PersonalPoints™** Programm

Es ist dein Weg und du bestimmst die Richtung. Kein Plan gleicht dem anderen. Bei WW erhältst du einen personalisierten Plan, der dein Lieblingsessen, deine Ziele und deinen Stoffwechsel berücksichtigt. So kannst du abnehmen, ohne auf einen einzigen Genussmoment deines Lebens zu verzichten.

Ein Plan von dir für dich

Du sagst uns, was du gerne isst und wann und wie du dich am liebsten bewegst. Und wir erstellen dir einen individuellen Ernährungs- und Bewegungsplan.

Aktualisierte Punkteformel

Du wirst zu Lebensmitteln mit einem höheren Anteil an gesunden Fetten, Ballaststoffen sowie Eiweiß und einem geringeren Anteil an zugesetztem Zucker und gesättigten Fettsäuren geführt.

Bei diesem Programm kannst du dich satt essen

Kein Hungern – dank der ZeroPoint® Lebensmittel, die du nicht tracken musst, und der Möglichkeit, dein Budget aufzustocken.

Sina Peters, WW Expertin für Programm und Wissenschaft

„ZeroPoint Lebensmittel sind Lebensmittel, die du gern und häufig isst. Die Möglichkeit, das zu essen, was man liebt, ist einer der Gründe, warum dieses Programm so alltagstauglich ist!“

3 einfache Wege, dein Budget aufzustocken

Dein PersonalPoints Budget ist individuell auf deine Ziele abgestimmt und du entscheidest, für welche Lebensmittel du es einsetzt. Zum allerersten Mal bietet WW dir mit dem Programm jetzt auch die Möglichkeit, weitere PersonalPoints in deinem Budget hinzuzufügen.

Iss Gemüse!

1 Handvoll Gemüse = 1 PersonalPoint für dein Tagesbudget (unbegrenzt). Gemüse enthält viele Ballaststoffe. Sie helfen dir dabei, länger satt zu bleiben.

Trinke Wasser!

1,75 l Wasser pro Tag = 1 PersonalPoint für dein Tagesbudget (max. 1 pro Tag). Je mehr Wasser du trinkst, desto weniger greifst du zu Saft oder Limonade.

Bleibe aktiv!

Mehr Bewegung = mehr PersonalPoints für dein wöchentliches Budget (unbegrenzt). Wie viele Punkte du verdienst, hängt von der Aktivität sowie von deinem Alter, deiner Größe, deinem Geschlecht und deinem Gewicht ab.

Im PersonalPoints Programm erhält jeder eine individuelle Liste mit ZeroPoint Lebensmitteln, welche die ganz persönlichen Vorlieben berücksichtigt.

Daher kann der PersonalPoints Wert eines Rezeptes von Person zu Person variieren. Je nachdem, welche ZeroPoint Lebensmittel auf deiner Liste stehen, liegt dein PersonalPoints Wert innerhalb des ausgewiesenen Rahmens.

Minimaler PersonalPoints Wert ⟵ **4–7** ⟶ **Maximaler PersonalPoints Wert**

Dein exakter PersonalPoints Wert wird dir in der WW App angezeigt, indem du den QR-Code auf der Rezeptseite scannst. So kannst du deine Mahlzeiten also auch direkt tracken!

Wirsing-Bacon-Pasta

Zubereitungszeit 15 Min. Garzeit 20 Min.

2-8

334 kcal | 1987 kJ

Die WW Gesunde Küche
Die WW Kochbücher sind für alle geeignet – egal, ob du WW Mitglied bist oder dich einfach ausgewogen ernähren und einen gesunden Lifestyle etablieren möchtest. Genau hierbei helfen dir unsere leckeren Rezepte, die ganz leicht nachzukochen sind.

Infos zum Scannen & Tracken der Rezepte erhältst du auf der Umschlaginnenseite.
Mehr zu unserem ganzheitlichen PersonalPoints Programm erfährst du unter ww.com.

„Mit WW ins neue Leben."

Als ich mich selbst nicht mehr auf Fotos erkannte und sogar gesundheitliche Probleme bekam, wollte ich endlich abnehmen. Ich meldete mich bei WW an und war begeistert von der Motivation und Unterstützung durch die Community. Heute, fünf Jahre später, ist WW fest in meinem Alltag integriert.

Mein persönliches Aha-Erlebnis hatte ich im Januar 2017: Auf Fotos einer Silvesterparty erkannte ich mich kaum wieder. Das, was ich sah, passte so gar nicht zu meinem Selbstbild. Ich habe schon viel ausprobiert, auch an Kursen teilgenommen. Doch alle Programme wollten mir etwas verbieten. Damals wog ich 111 Kilo und nahm Betablocker gegen meinen starken Bluthochdruck. Plötzlich drohte mir auch Diabetes.

QR-Code scannen und weitere motivierende Erfolgsgeschichten der WW Mitglieder entdecken.

Bei WW kann ich essen, worauf ich Lust habe. Ich muss mich nicht einschränken und nehme dennoch gesund ab. Dabei war die Workshop-Gruppe vor allem am Anfang ein toller Ansporn. 20 Kilo habe ich abgenommen. Auch seitdem ich WW nur noch digital über die App nutze, geht es weiter voran. Inzwischen habe ich 41 Kilogramm abgenommen. Dieser Erfolg motiviert mich ungemein. Ich durfte mich dreimal neu einkleiden und nehme seit über zwei Jahren keine Betablocker mehr.

WW hat im Grunde mein ganzes Denken verändert: Ich habe gesunde Essgewohnheiten entwickelt und gelernt, dass ich auch mal Erdnusscreme über mein Porridge geben darf, weil die Nüsse gute Fette enthalten. Ich esse viel mehr Obst und Gemüse und bewege mich mehr. Das alles kann ich super in meinen Alltag integrieren. Mein Mann isst mit, oft kochen wir auch zusammen WW Rezepte.

Durch das PersonalPoints Programm wurde der Alltag für mich sogar noch leichter. Es ist richtig gut auf mich zugeschnitten: Wenn ich weiß, es steht eine Party an, dann bewege ich mich mehr und stocke mein Punktebudget auf. Außerdem trinke ich viel. 1,8 Liter schaffe ich locker am Tag. Seitdem haben sich auch meine Nierensteine verabschiedet. Und mein Lieblingsessen gehört zu den ZeroPoints®: Ich liebe Kartoffeln!

Meine absoluten Lieblingsrezepte:

- → **Tatar-Gemüse-Ragout** (S. 30)
- → **Putenbrust-Penne mit Rosenkohl** (S. 57)
- → **Hähnchenschenkel vom Blech mit Kartoffeln** (S. 60)

*Teilnehmer des WW Programms können mit einer Gewichtsabnahme von bis zu 1 kg pro Woche rechnen. Das gezeigte Mitglied hat mit einem Vorgängerprogramm abgenommen und macht weiter mit dem PersonalPoints™ Programm.

Herzhaftes aus dem Topf

Quinoabowl mit Hähnchen, Kürbis & Grünkohl

Zubereitungszeit 15 Min. Garzeit 15 Min.

1-8

462 kcal | 1933 kJ

Für 1 Person

150 g Butternutkürbis
40 g trockene bunte Quinoa
Salz, Pfeffer
120 g Hähnchenbrustfilet
1/2 kleine Zucchini
100 g Grünkohl
1 TL Rapsöl
1 EL gehackte Petersilie
60 g Magermilchjoghurt
1 Msp. Kurkuma

1 Kürbis waschen und würfeln. Quinoa nach Packungsanweisung in Salzwasser garen. Hähnchenbrustfilet trocken tupfen und in siedendem Salzwasser ca. 10 Minuten pochieren, Kürbis ca. 5 Minuten vor Ende der Garzeit dazugeben und mitgaren.

2 Zucchini waschen und in Scheiben schneiden. Grünkohl waschen, trocken schleudern und in Streifen schneiden. Hähnchen herausnehmen, kurz abkühlen lassen und würfeln. Kürbis abgießen.

3 Öl in einer Pfanne auf mittlerer bis hoher Stufe erhitzen und Kürbis mit Zucchini darin ca. 3 Minuten rundherum braten. Hähnchen und Grünkohl dazugeben, ca. 2 Minuten mitbraten und mit Salz und Pfeffer würzen. Quinoa in eine Schale geben, Gemüse und Hähnchen darauf verteilen und mit Petersilie bestreuen. Joghurt mit Kurkuma und Salz verrühren und zur Quinoabowl servieren.

Kokos-Fisch-Curry mit Garnelen

Zubereitungszeit 20 Min. Garzeit 30 Min.

4–10

360 kcal | 1506 kJ

Für 4 Personen
140 g trockener Naturreis
Salz, Pfeffer
1 Zwiebel
1 Stück Ingwer (ca. 2 cm)
1 TL Rapsöl
1 TL gemahlener Koriander
1 TL Kreuzkümmel
1 TL Kurkuma
1 TL Chiliflocken
300 g Tomaten
1 TL brauner Zucker
1 Sternanis
200 ml fettreduzierte Kokosmilch
250 ml Gemüsebrühe (1 TL Instantpulver)
400 g Viktoriabarschfilet
250 g küchenfertige Garnelen
100 g Baby-Blattspinat
4 Stängel Koriander

1 Reis nach Packungsanweisung in Salzwasser garen. Zwiebel schälen und in feine Streifen schneiden. Ingwer schälen und reiben. Öl in einem Topf auf mittlerer Stufe erhitzen und Zwiebeln darin ca. 5 Minuten braten. Ingwer, Koriander, Kreuzkümmel, Kurkuma und Chiliflocken dazugeben und ca. 2 Minuten mitbraten.

2 Tomaten waschen und in grobe Würfel schneiden. Zucker und Tomaten zur Zwiebelmischung geben und 2–3 Minuten mitgaren. Sternanis zufügen, mit Kokosmilch und Brühe ablöschen, aufkochen und auf niedriger Stufe ca. 10 Minuten köcheln lassen.

3 Viktoriabarschfilet abspülen, trocken tupfen und in große Würfel schneiden. Garnelen abspülen und trocken tupfen. Spinat waschen und trocken schleudern. Koriander waschen, trocken schütteln und Blätter abzupfen. Viktoriabarsch zum Curry geben und ca. 3 Minuten garen. Garnelen und Spinat dazugeben und 3–5 Minuten mitgaren. Sternanis entfernen, Kokos-Fisch-Curry mit Salz und Pfeffer abschmecken, mit Koriander garnieren und mit Reis servieren.

Weiße Bohnensuppe mit Safran

Zubereitungszeit 15 Min. Garzeit 20 Min.

3-5

223 kcal | 932 kJ

Für 4 Personen
1 Zwiebel
2 Karotten
3 Stangen Staudensellerie
1 TL Rapsöl
2 Dosen Cannellini-Bohnen (à 255 g Abtropfgewicht)
1/2 Dose Safranfäden
1 Liter Gemüsebrühe (4 1/2 TL Instantpulver)
1 rote Chilischote
4 Stängel Koriander
150 g saure Sahne
Salz, Pfeffer

1 Zwiebel und Karotten schälen und fein würfeln. Sellerie waschen und in Scheiben schneiden. Öl in einem Topf auf mittlerer Stufe erhitzen und Zwiebeln, Karotten und Sellerie darin 8–10 Minuten braten. Bohnen abspülen, abtropfen lassen, mit Safran und Brühe zum Gemüse geben, aufkochen und mit Deckel ca. 10 Minuten köcheln lassen.

2 Chilischote waschen, entkernen und in feine Streifen schneiden. Koriander waschen, trocken schütteln und Blätter abzupfen. Suppe mit saurer Sahne verfeinern, pürieren und mit Salz und Pfeffer abschmecken. Weiße Bohnensuppe mit Pfeffer, Chili und Koriander garniert servieren.

Deftiger Lamm-Graupen-Eintopf

Zubereitungszeit 30 Min. Garzeit 65 Min.

5

262 kcal | 1097 kJ

Für 4 Personen

300 g Lammlachs
300 g Steckrüben
1 Zwiebel
2 Karotten
1 Stange Lauch
3 Zweige Rosmarin
4 TL Rapsöl
Salz, Pfeffer
1 EL gehackter Thymian
1 Liter Geflügelfond
80 g trockene Graupen
2 Lorbeerblätter
2 EL gehackte glatte Petersilie

1 Lammlachs trocken tupfen und in Streifen schneiden. Steckrüben und Zwiebel schälen und fein würfeln. Karotten schälen und in Stücke schneiden. Lauch waschen und in feine Ringe schneiden. Rosmarin waschen und trocken schütteln.

2 2 TL Öl in einem Topf auf mittlerer bis hoher Stufe erhitzen, Lamm darin ca. 5 Minuten rundherum braten, mit Salz und Pfeffer würzen und herausnehmen. Restliches Öl im Bratensatz erhitzen und Steckrüben, Karotten, Zwiebeln, Thymian und Rosmarinzweige darin mit Deckel ca. 10 Minuten anbraten.

3 Gemüse mit Fond ablöschen, Graupen und Lorbeerblätter dazugeben und aufkochen. Eintopf auf niedriger Stufe mit Deckel ca. 40 Minuten köcheln lassen. Lamm dazugeben und weitere ca. 10 Minuten köcheln lassen. Lorbeerblätter und Rosmarin entfernen und mit Salz und Pfeffer abschmecken. Lamm-Graupen-Eintopf mit Petersilie garnieren. Enjoy!

Tanjas Tipp

Ein tolles Rezept, einfach in der Zubereitung, lecker und sehr sättigend. Optimal für Lamm-Fans und alle anderen können auch Steak verwenden.

Süßkartoffel-Lauch-Suppe

Zubereitungszeit 20 Min. Garzeit 30 Min.

5-11

335 kcal | 1404 kJ

Für 4 Personen
2 Stangen Lauch
2 TL Rapsöl
Salz, Pfeffer
1/2 TL Zucker
800 g Süßkartoffeln
1 Liter Gemüsebrühe
(4 1/2 TL Instantpulver)
200 ml fettreduzierte Kokosmilch
1 Stück Ingwer (ca. 4 cm)
1/2 TL Chiliflocken

1 Backofen auf 160° C (Gas: Stufe 1, Umluft: 140° C) vorheizen. Lauch waschen, die unteren Drittel abschneiden, längs halbieren und in ca. 2 cm große Stücke schneiden. Lauchstücke mit Öl einreiben, auf ein mit Backpapier ausgelegtes Backblech geben und mit Salz und Zucker bestreuen. Lauch im Backofen auf mittlerer Schiene ca. 30 Minuten backen.

2 Restlichen Lauch in Ringe schneiden. Süßkartoffeln schälen und in Stücke schneiden. Süßkartoffeln und Lauchringe mit Brühe und Kokosmilch in einen Topf geben, auf mittlerer Stufe aufkochen und 10–15 Minuten köcheln lassen.

3 Ingwer schälen, fein hacken, zur Suppe geben und fein pürieren. Süßkartoffel-Lauch-Suppe mit Salz und Pfeffer abschmecken und mit gebackenem Lauch und Chiliflocken garniert servieren.

stone washed
pure linen.

Thai-Hühnersuppe mit Austernpilzen

Zubereitungszeit 20 Min. Garzeit 25 Min.

2–3

152 kcal | 636 kJ

Für 4 Personen

250 g Hähnchenbrustfilet
1,4 Liter Geflügelfond
2 Stängel Zitronengras
1 Stück Ingwer (ca. 2 cm)
2 Knoblauchzehen
2 rote Chilischoten
250 g Cocktailtomaten
150 g Austernpilze
1 Limette
4 Stängel Koriander
1 EL Rapsöl
4 Kaffir-Limettenblätter
1 TL Chilipaste
1 TL Fischsauce
1 TL brauner Zucker

1 Hähnchenbrustfilet trocken tupfen. Fond in einem Topf auf mittlerer Stufe mit Deckel aufkochen und Hähnchen darin 10–12 Minuten pochieren. Hähnchen herausnehmen, kurz abkühlen lassen und mit einer Gabel zerzupfen. Fond beiseitestellen.

2 Zitronengras waschen und flacher klopfen. Ingwer schälen und mit Knoblauch in dünne Scheiben schneiden. Chilischoten waschen, entkernen und in feine Ringe schneiden. Tomaten waschen und halbieren. Pilze trocken abreiben und gegebenenfalls in Stücke schneiden. 1/2 Limette auspressen und restliche Limette in Spalten schneiden. Koriander waschen, trocken schütteln und Blätter abzupfen.

3 Öl in einem Topf auf mittlerer Stufe erhitzen und Zitronengras, Ingwer und Knoblauch darin ca. 1 Minute anbraten. Limettenblätter und Chiliringe dazugeben, mit Fond ablöschen und aufkochen. Chilipaste einrühren und ca. 5 Minuten köcheln lassen. Tomaten und Pilze zufügen und ca. 5 Minuten mitgaren. Limettensaft, Hähnchen, Fischsauce und Zucker zur Suppe geben und Zitronengras entfernen. Thai-Hühnersuppe mit Limettenspalten und Korianderblättern garniert servieren.

Halloumicurry mit Kichererbsen

Zubereitungszeit 15 Min. Garzeit 35 Min.

9-11

378 kcal | 1583 kJ

Für 4 Personen

1 große Zwiebel
1/2 rote Chilischote
2 TL Rapsöl
1 EL Curry
2 Knoblauchzehen
400 g stückige Tomaten (Konserve)
300 ml Gemüsebrühe (1 1/2 TL Instantpulver)
100 g trockener Basmatireis
Salz, Pfeffer
200 g grüne Bohnen
150 g Halloumi, 45 % Fett i. Tr.
1 Dose Kichererbsen (265 g Abtropfgewicht)
4 Stängel Koriander
100 g griechischer Joghurt, Natur, bis 0,2 % Fett

1 Zwiebel schälen und in dünne Streifen schneiden. Chilischote waschen, entkernen und fein hacken. 1 TL Öl in einem Topf auf mittlerer Stufe erhitzen und Zwiebeln darin ca. 5 Minuten anbraten. Chili und Curry dazugeben, Knoblauch dazupressen, ca. 1 Minute mitbraten, mit Tomaten und Brühe ablöschen, aufkochen und auf niedriger Stufe ca. 15 Minuten köcheln lassen.

2 Reis nach Packungsanweisung in Salzwasser garen. Bohnen waschen, Enden abschneiden und halbieren. Bohnen in kochendem Salzwasser ca. 10 Minuten garen und abgießen. Halloumi in große Würfel schneiden. Restliches Öl in einer Pfanne auf mittlerer Stufe erhitzen und Halloumi darin 2–3 Minuten von jeder Seite braten. Kichererbsen abspülen, abtropfen lassen und mit Halloumi und Bohnen zum Curry geben. Curry auf niedriger Stufe 6–8 Minuten köcheln lassen und mit Salz und Pfeffer würzen.

3 Koriander waschen, trocken schütteln und Blätter abzupfen. Curry auf 4 Schalen verteilen, Joghurt daraufgeben, mit Koriander bestreuen und mit Reis servieren.

Pilzsuppe mit Blumenkohl

Zubereitungszeit 15 Min. Garzeit 15 Min.

91 kcal | 382 kJ

Für 4 Personen

500 g Blumenkohl
700 ml Gemüsebrühe
(3 TL Instantpulver)
2 Schalotten
3 Knoblauchzehen
250 g braune Champignons
200 g gemischte Pilze (z. B. Austern- und Shiitakepilze)
1 EL Olivenöl
2 TL gehackter Thymian
Salz, Pfeffer

1 Blumenkohl waschen und in Röschen teilen. Brühe in einem Topf auf mittlerer Stufe erhitzen und Blumenkohl darin ca. 10 Minuten garen. Schalotten schälen und mit Knoblauch fein würfeln. Pilze trocken abreiben und gegebenenfalls in Stücke schneiden.

2 Öl in einer Pfanne auf mittlerer bis hoher Stufe erhitzen und Schalotten mit Knoblauch darin ca. 3 Minuten anbraten. Pilze und 1 TL Thymian dazugeben, 6–7 Minuten mitbraten und mit Salz und Pfeffer würzen.

3 Zwei Drittel der Pilzmischung zum Blumenkohl geben, mit Salz und Pfeffer würzen und pürieren. Suppe auf 4 Schüsseln verteilen und mit restlicher Pilzmischung, restlichem Thymian und Pfeffer garnieren. Guten Appetit!

Kürbis-Blauschimmelkäse-Risotto

Zubereitungszeit 25 Min. Garzeit 30 Min.

11

448 kcal | 1874 kJ

Für 4 Personen
20 g Walnüsse
1/2 Hokkaidokürbis (ca. 600 g)
3 TL Olivenöl
Salz, Pfeffer
1 kleine Zwiebel
2 Knoblauchzehen
250 g trockener Risottoreis (z. B. Arborio)
800 ml heiße Gemüsebrühe (4 TL Instantpulver)
1 EL Halbfettmargarine
40 g Blauschimmelkäse, 50 % Fett i. Tr.
20 g gehackte Petersilie

1 Backofen auf 200° C (Gas: Stufe 3, Umluft: 180° C) vorheizen. Walnüsse grob hacken. Kürbis waschen, halbieren, Kerne mit einem Löffel entfernen, Kürbis würfeln und mit 2 TL Öl vermischen. Kürbis auf ein mit Backpapier ausgelegtes Backblech geben, mit Salz und Pfeffer würzen und im Backofen auf mittlerer Schiene ca. 20 Minuten rösten. Nüsse ca. 7 Minuten vor Ende der Garzeit neben dem Kürbis aufs Backblech geben und mitrösten.

2 Zwiebel schälen und fein würfeln. Knoblauch pressen. Restliches Öl in einem Topf auf mittlerer Stufe erhitzen und Zwiebeln mit Knoblauch und Reis darin ca. 5 Minuten andünsten. Mit Brühe ablöschen, bis die Reiskörner knapp bedeckt sind und auf niedriger Stufe 20–25 Minuten köcheln lassen, dabei regelmäßig Brühe nachgießen.

3 Die Hälfte der Kürbiswürfel pürieren und unter das Risotto rühren. Restlichen Kürbis unterheben. Margarine unter das Risotto rühren, mit Salz und Pfeffer abschmecken und auf 4 Teller verteilen. Blauschimmelkäse darüber zerbröseln und mit Walnüssen bestreuen. Kürbis-Blauschimmelkäse-Risotto mit Petersilie garniert servieren.

Cremige Curry-Hähnchen-Suppe

Zubereitungszeit 10 Min. Garzeit 30 Min.

8–12

318 kcal | 1332 kJ

Für 4 Personen

50 g trockener Naturreis
Salz, Pfeffer
1 Zwiebel
2 Knoblauchzehen
1 grüne Chilischote
250 g mehligkochende Kartoffeln
250 g Hähnchenbrustfilet
1 TL Rapsöl
2 TL Curry
1 TL Fenchelsamen
1 Zimtstange
400 ml fettreduzierte Kokosmilch
700 ml Geflügelfond
100 g Grünkohl
4 Stängel Koriander

1 Reis nach Packungsanweisung in Salzwasser garen. Zwiebel schälen und fein würfeln. Knoblauch pressen. Chilischote waschen, entkernen und in feine Ringe schneiden. Kartoffeln schälen und in große Würfel schneiden. Hähnchenbrustfilet trocken tupfen.

2 Öl in einem Topf auf mittlerer Stufe erhitzen und Zwiebeln darin 3–4 Minuten anbraten. Knoblauch, Curry, Fenchelsamen, Zimtstange und die Hälfte der Chili zufügen, ca. 1 Minute mitbraten, mit Kokosmilch und Fond ablöschen und aufkochen. Kartoffeln und Hähnchen zugeben und ca. 15 Minuten köcheln lassen.

3 Grünkohl waschen und grob hacken. Koriander waschen, trocken schütteln und Blätter abzupfen. Zimtstange aus der Suppe entfernen. Hähnchen herausnehmen, kurz abkühlen lassen und mit einer Gabel zerzupfen. Suppe pürieren und mit Salz und Pfeffer abschmecken. Hähnchen, Grünkohl und Reis einrühren und ca. 2 Minuten mitgaren. Suppe mit restlichem Chili und Koriander garniert servieren.

Tanjas Tipp

Ein sehr leckeres Rezept. Fenchelsamen waren auch für mich neu, sie schmecken aber prima! Die Kokosmilch gibt dem Gericht nochmal eine besondere Note. Man kann auch auf tiefgekühlten Grünkohl zurückgreifen. Schnell und einfach!

Tatar-Gemüse-Ragout

Zubereitungszeit 20 Min. Garzeit 85 Min.

3

198 kcal | 829 kJ

Für 6 Personen
1 große Zwiebel
2 Karotten
2 Stangen Staudensellerie
2 TL Rapsöl
600 g Tatar
300 g braune Champignons
2 Knoblauchzehen
2 EL Tomatenmark
3 EL dunkler Balsamicoessig
800 g stückige Tomaten (Konserve)
250 ml Rinderfond
2 TL Paprikapulver
Salz, Pfeffer
2 EL gehacktes Basilikum

1 Zwiebel und Karotten schälen und fein würfeln. Sellerie waschen und fein würfeln. Öl in einem Topf auf mittlerer Stufe erhitzen und Zwiebeln, Karotten und Sellerie darin ca. 10 Minuten anbraten.

2 Tatar dazugeben und auf hoher Stufe 8–10 Minuten mitbraten. Champignons trocken abreiben und in dünne Scheiben schneiden. Knoblauch pressen, mit Champignons und Tomatenmark zum Tatar geben und 3–5 Minuten mitbraten.

3 Tatar-Gemüse-Mischung mit Essig, Tomaten und Fond ablöschen, mit Paprikapulver, Salz und Pfeffer würzen und aufkochen. Ragout auf niedriger Stufe unter Rühren ca. 60 Minuten köcheln lassen. Basilikum waschen, trocken schütteln, grob hacken und Tatar-Gemüse-Ragout damit garnieren. Guten Appetit!

Tanjas Tipp

Ein einfaches Rezept, das etwas Zeit zum Einkochen benötigt. Aber es lohnt sich, denn dadurch bekommt das Ragout erst den richtigen Geschmack und die perfekte Konsistenz. Ein super Familienrezept!

Gut kombiniert

Serviere dazu 130 g gegarte Nudeln pro Person. Der PersonalPoints™ Wert erhöht sich auf 9.

Tanjas
Lieblingsrezept

Scharfe Kürbissuppe mit Chorizo

Zubereitungszeit 20 Min. Garzeit 35 Min.

3

205 kcal | 857 kJ

Für 4 Personen
1 Butternutkürbis (ca. 1 kg)
3 TL Olivenöl
Salz, Pfeffer
1 Zwiebel
1 Knoblauchzehe
1 TL getrockneter Oregano
1 TL Chilisauce (auf Tomatenbasis)
1/2 TL abgeriebene Orangenschale
800 ml Geflügelfond
40 g Chorizo

1 Backofen auf 200° C (Gas: Stufe 3, Umluft: 180° C) vorheizen. Kürbis schälen, halbieren, Kerne mit einem Löffel entfernen, Kürbis würfeln und mit 2 TL Öl vermischen. Kürbis auf ein mit Backpapier ausgelegtes Backblech geben, mit Salz und Pfeffer würzen und im Backofen auf mittlerer Schiene 25–30 Minuten rösten.

2 Zwiebel schälen und fein würfeln. Knoblauch pressen. Restliches Öl in einem Topf auf mittlerer Stufe erhitzen und Zwiebeln darin ca. 5 Minuten andünsten. Knoblauch, Oregano, Chilisauce und Orangenschale dazugeben und ca. 2 Minuten mitdünsten. Kürbis dazugeben, mit Fond ablöschen, aufkochen und 1–2 Minuten köcheln lassen.

3 Suppe fein pürieren und mit Salz und Pfeffer abschmecken. Chorizo in Stücke schneiden. Eine Pfanne auf mittlerer bis hoher Stufe erhitzen und Chorizo darin fettfrei ca. 2 Minuten rundherum braten. Kürbissuppe mit Chorizo und Pfeffer garniert genießen.

Jetzt Video zu Küchentipp entdecken:
Kürbis einfach schälen

Salsiccia-Grünkohl-Suppe

Zubereitungszeit 15 Min. Garzeit 15 Min.

8-9

303 kcal | 1269 kJ

Für 4 Personen

1 kleine Karotte
1 Zwiebel
220 g Salsiccia (alternativ grobe Bratwurst)
4 Zweige Thymian
200 g Grünkohl
1 Dose Cannellini-Bohnen (240 g Abtropfgewicht)
1 TL Olivenöl
2 EL Tomatenmark
1 Liter Geflügelfond
Salz, Pfeffer
2 EL geriebener Parmesan

1 Karotte und Zwiebel schälen und fein würfeln. Salsiccia aus dem Wurstdarm lösen und in Stücke schneiden. Thymian waschen und trocken schütteln. Grünkohl waschen, trocken schleudern und in Streifen schneiden. Bohnen abspülen und abtropfen lassen.

2 Öl in einem großen Topf auf mittlerer bis hoher Stufe erhitzen und Karotten mit Zwiebeln darin 7–8 Minuten dünsten. Salsiccia dazugeben und unter Rühren 3–4 Minuten mitbraten. Thymianzweige zufügen, Tomatenmark unterrühren und ca. 1 Minute mitbraten.

3 Mit Fond ablöschen und aufkochen. Grünkohl und Bohnen zur Suppe geben und auf niedriger Stufe ca. 2 Minuten köcheln lassen. Thymian entfernen und Suppe mit Salz und Pfeffer abschmecken. Salsiccia-Grünkohl-Suppe mit Parmesan bestreut servieren.

Heißes aus der Pfanne

Rindergeschnetzeltes mit Kohl und Kürbispüree

Zubereitungszeit 20 Min.   Garzeit 25 Min.

9   394 kcal | 1649 kJ

Für 4 Personen
100 g Grünkohl (TK)
400 g Rindersteak
1 kleine Stange Lauch
2 Karotten
250 g Rosenkohl
Salz, Pfeffer
500 g Butternutkürbis
1 TL Rapsöl
1 EL Dijon-Senf
120 g saure Sahne
1 EL Halbfettmargarine
40 g Walnüsse
50 g geriebener Parmesan

1 Grünkohl auftauen lassen, überschüssige Flüssigkeit ausdrücken und hacken. Rindersteak trocken tupfen und in feine Streifen schneiden. Lauch waschen und in Ringe schneiden. Karotten schälen und in Scheiben schneiden. Rosenkohl putzen, halbieren und in Salzwasser ca. 10 Minuten vorgaren.

2 Kürbis schälen, halbieren, Kerne mit einem Löffel entfernen, Kürbis würfeln und in Salzwasser ca. 10 Minuten garen. Öl in einer großen Pfanne auf mittlerer Stufe erhitzen, Rindersteak darin ca. 3 Minuten rundherum anbraten und herausnehmen. Lauch, Karotten und Rosenkohl im Bratensatz ca. 5 Minuten anbraten. Grünkohl zufügen und ca. 2 Minuten mitbraten.

3 Rindergeschnetzeltes, Senf und saure Sahne unterrühren, mit Salz und Pfeffer würzen und ca. 5 Minuten erwärmen. Kürbis abgießen, mit Margarine pürieren und mit Salz und Pfeffer abschmecken. Walnüsse hacken. Rindergeschnetzeltes mit Parmesan und Walnüssen bestreuen und mit Kürbispüree servieren.

Jetzt Video zu Küchentipp entdecken:
Rosenkohl putzen und zubereiten

Wirsing-Bacon-Pasta

Zubereitungszeit 15 Min. Garzeit 20 Min.

2-8

334 kcal | 1398 kJ

Für 4 Personen

1/2 kleiner Wirsing (ca. 400 g)
250 g Baby-Blattspinat
1 Zwiebel
3 Knoblauchzehen
80 g Bacon
250 g trockene Vollkorn-Spaghetti
Salz, Pfeffer
150 ml Gemüsebrühe (1/2 TL Instantpulver)
60 g Magermilchjoghurt

1 Wirsing putzen, halbieren, Strunk entfernen und Wirsing in Streifen schneiden. Spinat waschen und trocken schleudern. Zwiebel schälen und mit Knoblauch fein würfeln. Bacon in Stücke schneiden. Nudeln nach Packungsanweisung in Salzwasser garen.

2 Eine große Pfanne auf mittlerer Stufe erhitzen und Bacon darin ca. 5 Minuten rundherum braten. Zwiebeln und Knoblauch dazugeben und ca. 3 Minuten mitbraten. Wirsing zufügen, ca. 5 Minuten mitgaren, mit Brühe ablöschen und 2–3 Minuten aufkochen.

3 Nudeln abgießen und dabei ca. 60 ml Nudelwasser auffangen. Spinat unter die Wirsingpfanne heben und ca. 1 Minute zusammenfallen lassen. Joghurt und Nudelwasser unterrühren und 2–3 Minuten köcheln lassen. Nudeln dazugeben und mit Salz und Pfeffer abschmecken. Einfach lecker!

Palak Paneer mit Kurkumareis

Zubereitungszeit 20 Min. Garzeit 30 Min.

9–15

461 kcal | 1928 kJ

Für 4 Personen
200 g trockener Naturreis
1 TL Kurkuma
500 ml Gemüsebrühe
(2 1/2 TL Instantpulver)
1 Zwiebel
1 Stück Ingwer (ca. 3 cm)
2 Knoblauchzehen
2 Karotten
2 TL Rapsöl
2 TL Garam Masala
2 EL Tomatenmark
400 g stückige Tomaten
(Konserve)
80 ml trockener Weißwein
80 ml Hafercreme, 14 % Fett
150 g Baby-Blattspinat
1 unbehandelte Limette
200 g Paneer, 40 % Fett i. Tr.
1 TL Halbfettmargarine
Salz, Pfeffer
2 EL gehackter Koriander

1 Reis nach Packungsanweisung mit Kurkuma in 300 ml Brühe garen. Zwiebel schälen und fein würfeln. Ingwer schälen und mit Knoblauch reiben. Karotten schälen und in breite Scheiben schneiden.

2 Öl in einer großen Pfanne auf mittlerer Stufe erhitzen und Zwiebeln darin ca. 5 Minuten anbraten. Ingwer, Knoblauch, Karotten und Garam Masala dazugeben, Tomatenmark einrühren und ca. 3 Minuten mitbraten. Mit Tomaten, Wein, Hafercreme und restlicher Brühe ablöschen, aufkochen und ca. 10 Minuten köcheln lassen.

3 Spinat waschen und trocken schleudern. 1 TL Limettenschale abreiben und Limette halbieren. Paneer trocken tupfen und in 3 cm große Würfel schneiden. Margarine in einer Pfanne auf mittlerer Stufe schmelzen und Paneer darin 5–8 Minuten rundherum braten.

4 Paneer, Limettenschale und Spinat zur Tomatenmischung geben und unterrühren. Palak Paneer mit Salz und Pfeffer abschmecken. Kurkumareis mit Koriander garnieren und mit Palak Paneer und Limetten servieren.

Schon gewusst?

Paneer ist ein indischer Käse, der auch beim Kochen seine Konsistenz behält. Du findest ihn in asiatischen oder gut sortierten Supermärkten.

Lachs-Kartoffel-Pfanne mit Spiegelei

Zubereitungszeit 20 Min. Garzeit 25 Min.

2-12

475 kcal | 1989 kJ

Für 4 Personen

500 g Gelbe Bete
400 g festkochende Kartoffeln
Salz, Pfeffer
400 g Lachsfilet
1 TL Zucker
1 kleine Stange Lauch
1 kleine Zucchini
40 g Baby-Blattspinat
4 TL Rapsöl
4 Eier (Größe M)
2 EL gehackter Dill

1 Gelbe Bete und Kartoffeln schälen, würfeln und in Salzwasser ca. 15 Minuten garen. Lachs abspülen, trocken tupfen, würfeln und mit 2 TL Salz und Zucker vermengen. Lachs ca. 15 Minuten ziehen lassen und trocken tupfen. Lauch waschen und in Ringe schneiden. Zucchini waschen und in kleine Würfel schneiden. Spinat waschen und trocken schleudern. Gelbe Bete und Kartoffeln abgießen und kurz ausdampfen lassen.

2 1 TL Öl in einer großen Pfanne auf mittlerer Stufe erhitzen und Gelbe Bete, Kartoffeln, Lauch und Zucchini darin 6–8 Minuten anbraten. 2 TL Öl in einer Pfanne auf mittlerer bis hoher Stufe erhitzen und Eier als Spiegeleier darin ca. 3 Minuten braten.

3 Eier herausnehmen, restliches Öl im Bratensatz auf hoher Stufe erhitzen und Lachs darin ca. 3 Minuten rundherum anbraten. Lachs und Spinat unter das Gemüse heben, mit Salz und Pfeffer abschmecken und mit Dill verfeinern. Spiegeleier darauf anrichten und Lachs-Kartoffel-Pfanne servieren.

Tanjas Tipp

Für mich als Fischliebhaber ein tolles Gericht. Statt Gelber Bete habe ich Rote Bete verwendet, das gibt nochmal eine tolle Farbe. Das gewisse Etwas war für mich das Spiegelei on top!

Hähnchen-Gemüse-Pfanne mit Tagliatelle

Zubereitungszeit 20 Min. Garzeit 25 Min.

8-9

378 kcal | 1584 kJ

Für 4 Personen
1 grüne Paprika
1 rote Zwiebel
250 g Champignons
1 Stängel Dill
200 g trockene Tagliatelle
Salz, Pfeffer
400 g Hähnchenbrustfilet
2 TL Olivenöl
1 EL Paprikapulver
1 EL Mehl
350 ml Gemüsebrühe
(1 1/2 TL Instantpulver)
100 g saure Sahne

1 Paprika waschen, entkernen und in Streifen schneiden. Zwiebel schälen und in feine Streifen schneiden. Champignons trocken abreiben und in dünne Scheiben schneiden. Dill waschen, trocken schütteln und hacken. Nudeln nach Packungsanweisung in Salzwasser garen.

2 Hähnchenbrustfilet trocken tupfen und in Streifen schneiden. 1 TL Öl in einer Pfanne auf mittlerer Stufe erhitzen, Hähnchen darin 4–5 Minuten rundherum braten, mit Salz und Pfeffer würzen und herausnehmen. Restliches Öl im Bratensatz auf mittlerer Stufe erhitzen und Zwiebeln mit Paprika darin mit Deckel 6–8 Minuten braten, dabei gelegentlich rühren. Paprikapulver und Mehl dazugeben und ca. 1 Minute verrühren. Unter Rühren Brühe zugeben und aufkochen.

3 Champignons dazugeben und ca. 3 Minuten mitgaren. Hähnchen zufügen, weitere 3–5 Minuten köcheln lassen, mit saurer Sahne und Dill verfeinern und mit Salz und Pfeffer abschmecken. Nudeln abgießen und mit Hähnchen-Gemüse-Pfanne genießen.

Tanjas Tipp

Das Rezept war fix zubereitet. Durch das Andicken hat die Sauce eine schöne Bindung. Wir werden es wieder kochen, für uns mit roter Paprika.

Herzhafte Gemüsepfannkuchen

Zubereitungszeit 20 Min. Garzeit 35 Min.

7-10

378 kcal | 1582 kJ

Für 4 Personen
1 rote Zwiebel
1 Zucchini
200 g Portobello-Pilze
200 g Cocktailtomaten
200 g Schwarzkohl (alternativ Grünkohl)
1 TL Olivenöl
Salz, Pfeffer
1/2 TL Cayennepfeffer
180 g Vollkornmehl
3 Eier (Größe M)
600 ml entrahmte Milch
1 EL Halbfettmargarine
40 g geriebener Pecorino

1 Zwiebel schälen und fein würfeln. Zucchini waschen, längs halbieren und in Scheiben schneiden. Pilze trocken abreiben und in Scheiben schneiden. Tomaten waschen und halbieren. Kohl waschen und in Streifen schneiden.

2 Öl in einer Pfanne auf mittlerer Stufe erhitzen und Zwiebeln mit Pilzen darin ca. 3 Minuten anbraten. Zucchini und Kohl zufügen und ca. 3 Minuten mitbraten. Tomaten unterheben, ca. 3 Minuten erwärmen, mit Salz, Pfeffer und Cayennepfeffer würzen und warm stellen.

3 Mehl mit 1 Prise Salz vermischen. Eier mit Milch verquirlen, zur Mehlmischung geben und zu einem glatten Teig verrühren. Margarine portionsweise in einer Pfanne auf mittlerer Stufe schmelzen und aus dem Teig darin nacheinander 4 Pfannkuchen backen, dabei ca. 3 Minuten von jeder Seite braten. Herzhafte Pfannkuchen mit Gemüse belegen, mit Pecorino bestreuen und servieren.

Jetzt Video zu Küchentipp entdecken:
Cocktailtomaten schneller halbieren

Sweet-Chili-Asiapfanne mit Pute

Zubereitungszeit 20 Min. Garzeit 30 Min.

2-8

383 kcal | 1603 kJ

Für 4 Personen
180 g trockener Hafer
Salz, Pfeffer
1 rote Zwiebel
2 Karotten
1 rote Paprika
400 g Weißkohl
500 g Putenbrustfilet
3 TL Rapsöl
50 ml süße Asia-Chilisauce

1 Hafer nach Packungsanweisung in Salzwasser garen. Zwiebel schälen und in feine Streifen schneiden. Karotten schälen und grob raspeln. Paprika waschen, entkernen und in Streifen schneiden. Weißkohl putzen, vierteln, Strunk entfernen und Kohl in feine Streifen schneiden. Putenbrustfilet trocken tupfen und in Streifen schneiden.

2 2 TL Öl in einer großen Pfanne auf mittlerer Stufe erhitzen, Pute darin ca. 5 Minuten rundherum anbraten und herausnehmen. Restliches Öl im Bratensatz erhitzen und Zwiebeln mit Paprika darin ca. 3 Minuten mitbraten. Karotten und Kohl zufügen und weitere ca. 5 Minuten braten.

3 Gemüsepfanne mit Salz und Pfeffer würzen, Hafer, Pute und Asia-Chilisauce unterrühren und ca. 5 Minuten erwärmen. Sweet-Chili-Asiapfanne nach Wunsch mit Koriander garniert genießen.

Schon gewusst?

Hafer kannst du in der doppelten Menge Salzwasser 25–30 Minuten kochen. Davor solltest du ihn gründlich waschen.

Gebratene Bulgogi-Nudeln

Zubereitungszeit 15 Min. Garzeit 15 Min.
Marinierzeit 10 Min.

10

360 kcal | 1508 kJ

Für 4 Personen
2 EL Sojasauce
2 EL Mirin
1 TL Chiliflocken
1 TL brauner Zucker
1 TL Sesamöl
2 Knoblauchzehen
400 g Rumpsteak
1 Zwiebel
200 g Baby-Blattspinat
180 g trockene Mie- oder Wok-Nudeln
Salz, Pfeffer
2 TL Sesam
1 TL Rapsöl

1 Für die Marinade Sojasauce, Mirin, Chiliflocken, Zucker und Sesamöl verrühren und Knoblauch dazupressen. Rumpsteak trocken tupfen, in dünne Streifen schneiden, mit Marinade vermischen und ca. 10 Minuten im Kühlschrank marinieren.

2 Zwiebel schälen und in feine Streifen schneiden. Spinat waschen und trocken schleudern. Nudeln nach Packungsanweisung in Salzwasser garen und abgießen. Sesam fettfrei in einem Wok auf mittlerer Stufe 2–3 Minuten rösten und herausnehmen.

3 Rapsöl im Wok oder in einer tiefen Pfanne auf mittlerer bis hoher Stufe erhitzen, Zwiebeln darin ca. 2 Minuten braten und herausnehmen. Steakstreifen im Bratensatz 2–3 Minuten rundherum braten. Zwiebeln, Nudeln und Spinat in den Wok geben, 2–3 Minuten mitbraten und mit Salz und Pfeffer abschmecken. Bulgogi-Nudeln mit Sesam bestreut servieren.

Schon gewusst?

Bulgogi ist koreanisch und bedeutet „Feuerfleisch" – da es typischerweise über offenem Feuer zubereitet wird.

Geflügelbällchenpfanne mit Topinambur-Püree

Zubereitungszeit 25 Min.   Garzeit 40 Min.

4–10

432 kcal | 1809 kJ

Für 4 Personen
500 g mehligkochende Kartoffeln
500 g Topinambur
Salz, Pfeffer
1 kleine Stange Lauch
1 Bund Frühlingszwiebeln
2 Karotten
250 g kleine Champignons
100 g Geflügelbacon
4 Zweige Thymian
2 Schalotten
500 g Geflügelhackfleisch aus Geflügelbrustfilet
1 Ei (Größe M)
2 TL Rapsöl
150 ml leichter Rotwein
400 ml Geflügelfond
1 TL Zucker
1 EL Halbfettmargarine
150 ml entrahmte Milch

1 Kartoffeln mit Topinambur schälen, in Stücke schneiden und in Salzwasser ca. 20 Minuten garen. Lauch mit Frühlingszwiebeln waschen und in Ringe schneiden. Karotten schälen und in Scheiben schneiden. Champignons trocken abreiben und halbieren. Geflügelbacon in Stücke schneiden. Thymian waschen, trocken schütteln und hacken.

2 Für die Bällchen Schalotten schälen und reiben. Geflügelhackfleisch mit Schalotten, Ei, Salz und Pfeffer verkneten und aus der Masse 20 kleine Bällchen formen. Öl in einer großen Pfanne auf mittlerer Stufe erhitzen, Geflügelbällchen darin ca. 10 Minuten rundherum braten und herausnehmen. Geflügelbacon im Bratensatz ca. 2 Minuten anbraten, Champignons, Lauch, Frühlingszwiebeln und Karotten dazugeben und ca. 5 Minuten mitbraten.

3 Wein und Fond angießen, mit Salz und Pfeffer würzen, mit Zucker verfeinern und mit Deckel 10–15 Minuten köcheln lassen. Geflügelbällchen dazugeben und ca. 5 Minuten erwärmen. Kartoffeln und Topinambur abgießen, mit Margarine und Milch zerstampfen und mit Salz und Pfeffer abschmecken. Geflügelbällchenpfanne mit Thymian verfeinern und mit Topinambur-Püree servieren.

Tanjas
Lieblingsrezept

Putenbrust-Penne mit Rosenkohl

Zubereitungszeit 15 Min.   Garzeit 25 Min.

1-7

370 kcal | 1549 kJ

Für 4 Personen
200 g trockene Vollkorn-Penne
Salz, Pfeffer
400 g Rosenkohl
300 g Putenbrustfilet
2 Schalotten
2 Knoblauchzehen
100 g Baby-Blattspinat
4 Zweige Thymian
2 TL Rapsöl
75 g magere Schinkenwürfel
250 ml Geflügelfond
4 EL Magerquark
2 EL gehackte Petersilie

1 Nudeln nach Packungsanweisung in Salzwasser garen. Rosenkohl putzen, kreuzweise einschneiden und in Salzwasser ca. 15 Minuten vorgaren. Putenbrustfilet trocken tupfen und in Streifen schneiden. Schalotten schälen und mit Knoblauch fein würfeln. Spinat waschen und trocken schleudern. Thymian waschen, trocken schütteln und hacken.

2 Öl in einer großen Pfanne auf mittlerer Stufe erhitzen und Schinkenwürfel mit Putenbrust darin 5–6 Minuten anbraten. Schalotten zufügen und ca. 3 Minuten mitbraten. Knoblauch und Thymian dazugeben und ca. 1 Minute mitbraten. Nudeln abgießen und dabei ca. 150 ml Nudelwasser auffangen.

3 Rosenkohl abgießen, zur Putenbrustpfanne geben, mit Fond ablöschen und Quark unterrühren. Sauce mit Salz und Pfeffer abschmecken und ca. 3 Minuten köcheln lassen. Nudeln, Nudelwasser, Spinat und Petersilie unterheben und mit Salz und Pfeffer abschmecken. Putenbrust-Penne sofort servieren.

Tanjas Tipp

Wer sich das Schnippeln sparen und das Gericht noch schneller zubereiten möchte, kann TK-Rosenkohl verwenden. Wir haben die Vollkornnudeln gegen normale Nudeln eingetauscht. Ein klasse Rezept an kalten Tagen!

250
200

Leckeres aus dem Ofen

Hähnchenschenkel vom Blech mit Kartoffeln

Zubereitungszeit 20 Min. Backzeit 50 Min.

10-12

519 kcal | 2173 kJ

Für 4 Personen
400 g festkochende Kartoffeln
500 g Karotten
4 Hähnchenschenkel ohne Haut (à 165 g verzehrbarer Anteil)
2 TL Rapsöl
Salz, Pfeffer
1/2 TL Paprikapulver
3 Zweige Thymian
2 Zweige Rosmarin
200 ml heißer Geflügelfond
120 g Erbsen (TK)
8 Falafel (à 30 g, Fertigprodukt)
2 Tüten WW Rahmsauce
400 ml Wasser

1 Backofen auf 200° C (Gas: Stufe 3, Umluft: 180° C) vorheizen. Kartoffeln schälen und in Stücke schneiden. Karotten schälen und schräg in Scheiben schneiden. Hähnchenschenkel trocken tupfen. Ein tiefes Backblech mit Öl bepinseln, Kartoffeln und Karotten darauf verteilen und Hähnchenschenkel daraufgeben. Mit Salz, Pfeffer und Paprikapulver würzen und im Backofen auf mittlerer Schiene ca. 40 Minuten backen.

2 Thymian und Rosmarin waschen, trocken schütteln und grob hacken. Fond mit Erbsen verrühren, mit Kräutern über das Blech geben, Falafel darauf verteilen und ca. 10 Minuten mitgaren.

3 WW Rahmsauce nach Packungsanweisung mit Wasser anrühren, in einem Topf auf hoher Stufe aufkochen und ca. 1 Minute köcheln lassen. Hähnchenschenkel, Kartoffeln, Gemüse und Falafel mit Sauce servieren.

Tanjas Tipp

Mein absoluter Favorit! Ich liebe Hähnchen und das Gericht ist besonders lecker, schnell vorbereitet und gart easy im Backofen.

WW Rahmsauce

Sie ist schnell zubereitet und passt perfekt zu Fleisch und Aufläufen. Erhältlich im WW Studio oder unter wwshop.de.

Titelrezept
Tanjas Lieblingsrezept

Schweinefilet in Bohnen-Tomaten-Sauce

Zubereitungszeit 15 Min. Garzeit 35 Min.

4-5

300 kcal | 1255 kJ

Für 4 Personen

500 g Schweinefilet
2 TL Rapsöl
4 Schalotten
2 Knoblauchzehen
100 g magere Schinkenwürfel
4 Zweige Thymian
1 Zweig Rosmarin
1 Lorbeerblatt
1 EL Tomatenmark
400 g stückige Tomaten (Konserve)
300 ml Geflügelfond
Salz, Pfeffer
1 Dose Cannellini-Bohnen (255 g Abtropfgewicht)
3 EL gehackte Petersilie

1 Schweinefilet trocken tupfen und in ca. 3 cm große Medaillons schneiden. 1 TL Öl in einer Pfanne auf mittlerer Stufe erhitzen, Schweinefilets darin ca. 5 Minuten rundherum braten und herausnehmen. Backofen auf 200° C (Gas: Stufe 3, Umluft: 180° C) vorheizen.

2 Schalotten schälen und in feine Streifen schneiden. Restliches Öl im Bratensatz erhitzen und Schalotten darin 2–3 Minuten braten. Knoblauch dazupressen, Schinkenwürfel zufügen und ca. 2 Minuten mitbraten. Thymian und Rosmarin waschen, trocken schütteln, mit Lorbeerblatt und Tomatenmark dazugeben und ca. 1 Minute mitbraten. Schinkenmischung in einer Auflaufform (ca. 20 x 30 cm) verteilen, Tomaten und Fond angießen, mit Pfeffer würzen und im Backofen auf mittlerer Schiene ca. 15 Minuten garen.

3 Bohnen abspülen, abtropfen lassen, mit Schweinemedaillons in die Auflaufform geben und ca. 10 Minuten mitgaren. Thymian, Rosmarin und Lorbeerblatt entfernen. 2 EL Petersilie unterheben, mit Salz und Pfeffer abschmecken und mit restlicher Petersilie garniert servieren.

Fritatta mit geröstetem Blumenkohl und Schinken

Zubereitungszeit 15 Min. Backzeit 50 Min.

2-6

254 kcal | 1064 kJ

Für 4 Personen
1/2 Blumenkohl (ca. 500 g)
1 EL Olivenöl
Salz, Pfeffer
300 g Baby-Blattspinat
120 g roher Schinken
6 Eier (Größe M)
1 EL Senf

1 Backofen auf 180° C (Gas: Stufe 2, Umluft: 160° C) vorheizen. Blumenkohl waschen, in Röschen teilen, auf einem mit Backpapier ausgelegten Backblech mit Öl vermischen und mit Salz und Pfeffer würzen. Blumenkohl im Backofen auf mittlerer Schiene ca. 20 Minuten backen.

2 Spinat waschen, trocken schleudern und mit kochendem Wasser übergießen. Spinat abgießen, kurz abkühlen lassen, überschüssige Flüssigkeit ausdrücken und grob hacken. Schinken in Streifen schneiden. Eier mit Senf, Salz und Pfeffer verquirlen. Blumenkohl, Spinat und Schinken dazugeben und verrühren.

3 Eimischung in eine kleine mit Backpapier ausgelegte Springform (Ø 20 cm) füllen und im Backofen auf mittlerer Schiene ca. 30 Minuten backen. Frittata kurz ruhen lassen, stürzen, in Stücke schneiden und genießen.

Dazu passen …

… grüne Bohnen, grüner Spargel und Broccoli.

Hähnchen-Gemüse-Lasagne

Zubereitungszeit 30 Min. Garzeit 75 Min.

10–11

437 kcal | 1830 kJ

Für 4 Personen

1 EL Speisestärke
500 ml entrahmte Milch
2 TL Halbfettmargarine
150 g Ricotta
1 Msp. unbehandelte Zitronenschale
Salz, Pfeffer
400 g Hähnchenbrustfilet
2 Stangen Lauch
3 TL Rapsöl
2 EL Wasser
400 g braune Champignons
150 g Baby-Blattspinat
2 Knoblauchzehen
1 EL gehackter Estragon
6 trockene Lasagneblätter
20 g geriebener Parmesan

1 Für die Käsesauce Stärke mit 50 ml Milch anrühren. Margarine in einem Topf auf mittlerer Stufe schmelzen, Stärkemischung dazugeben und ca. 1 Minute anschwitzen. Nach und nach restliche Milch einrühren und aufkochen. Ricotta und Zitronenschale unterrühren, mit Salz und Pfeffer würzen und beiseitestellen.

2 Hähnchenbrustfilet trocken tupfen und in Würfel schneiden. Lauch waschen und in Ringe schneiden. 2 TL Öl in einer Pfanne auf mittlerer bis hoher Stufe erhitzen, Hähnchen darin 7–10 Minuten rundherum braten und herausnehmen. Lauch mit Wasser im Bratensatz auf niedriger Stufe 8–10 Minuten dünsten.

3 Backofen auf 160° C (Gas: Stufe 1, Umluft: 140° C) vorheizen. Champignons trocken abreiben und in Scheiben schneiden. Spinat waschen und trocken schleudern. Knoblauch pressen. Lauch zum Hähnchen geben, mit Estragon verfeinern und mit Salz und Pfeffer würzen. Restliches Öl im Bratensatz auf mittlerer Stufe erhitzen und Champignons darin ca. 5 Minuten rundherum braten. Spinat und Knoblauch zufügen, ca. 3 Minuten mitbraten und mit Salz und Pfeffer würzen.

4 Hähnchenmischung, Spinat-Pilz-Mischung und Käsesauce mit Lasagneblättern abwechselnd in eine Auflaufform (ca. 20 x 30 cm) schichten, dabei mit Sauce beginnen und abschließen. Hähnchen-Gemüse-Lasagne mit Parmesan bestreuen, im Backofen auf mittlerer Schiene 40–45 Minuten backen und servieren.

Kabeljau mit Wirsing und Schwarzwurzeln

Zubereitungszeit 20 Min. Garzeit 45 Min.

7-8

366 kcal | 1531 kJ

Für 4 Personen

1/2 Wirsing (ca. 600 g)
400 g Schwarzwurzeln
1 EL Olivenöl
Salz, Pfeffer
600 g Kabeljaufilet
30 g Mandeln
1 Schalotte
1 EL Halbfettmargarine
1 EL Mehl
100 ml trockener Weißwein
200 ml fettarme Milch
60 g Schmand
1 TL Fischsauce
2 EL gehackter Dill
1/2 Beet Kresse

1 Backofen auf 160° C (Gas: Stufe 1, Umluft: 140° C) vorheizen. Wirsing putzen und vierteln. Schwarzwurzeln schälen, in Stifte schneiden, mit Wirsing in einer Auflaufform (ca. 20 x 30 cm) verteilen und mit Öl, Salz und Pfeffer vermischen. Gemüse im Backofen auf mittlerer Schiene ca. 30 Minuten backen.

2 Kabeljau abspülen, trocken tupfen und mit 1 TL Salz einreiben. Kabeljau zum Gemüse geben und weitere ca. 15 Minuten backen. Mandeln hacken und fettfrei in einer Pfanne auf mittlerer Stufe 2–3 Minuten rösten.

3 Für die Sauce Schalotte schälen und fein würfeln. Margarine in einem Topf auf mittlerer Stufe schmelzen und Schalotten darin ca. 2 Minuten andünsten. Mehl dazugeben und ca. 1 Minute anschwitzen. Mit Wein und Milch ablöschen, Schmand und Fischsauce einrühren und mit Dill verfeinern.

4 Sauce pürieren und mit Salz und Pfeffer abschmecken. Kresse vom Beet schneiden. Kabeljau mit Mandeln und Kresse bestreuen und mit Sauce servieren.

de buyer

Rote-Bete-Galette mit Feta und Linsen

Zubereitungszeit 15 Min.   Backzeit 20 Min.

4–5

193 kcal | 809 kJ

Für 4 Personen
3 Zweige Thymian
1 Stängel Petersilie
250 g Rote Bete (vakuumiert)
100 g Schafskäse, 25 % Fett i. Tr.
125 g braune Linsen (Konserve)
1 TL getrockneter Oregano
2 TL heller Balsamicoessig
Salz, Pfeffer
4 Blätter Filoteig (Frischprodukt, à 25 g)
2 TL Rapsöl

1 Kräuter waschen, trocken schütteln und hacken. Rote Bete in Spalten schneiden. Backofen auf 200° C (Gas: Stufe 3, Umluft: 180° C) vorheizen. Schafskäse zerbröseln und 50 g mit Roter Bete, Linsen, Thymian, Oregano, Essig, Salz und Pfeffer verrühren.

2 Filoteigblätter mit Öl bepinseln und leicht versetzt übereinander auf ein mit Backpapier ausgelegtes Backblech legen. Rote-Bete-Mischung mittig auf dem Teig verteilen, dabei einen ca. 5 cm breiten Rand lassen. Teigränder über die Füllung klappen und im Backofen auf mittlerer Schiene 15–20 Minuten backen. Rote-Bete-Galette mit restlichem Schafskäse bestreuen und mit Petersilie garniert servieren.

Herzhafte Crêpes …

… bezeichnet man auch als Galettes. Oft werden sie mit Buchweizenmehl hergestellt und lassen sich nach Belieben füllen. Die Filoteig-Variante ist eine schnelle, punktearme Version des französischen Klassikers.

Käsetoast mit gebackenem Ei

Zubereitungszeit 5 Min. Backzeit 10 Min.

5–8

253 kcal | 1059 kJ

Für 4 Stück
20 g Rucola
4 kleine Scheiben Vollkorntoast
4 Eier (Größe M)
Salz, Pfeffer
60 g geriebener Cheddar, 50 % Fett i. Tr.

1 Backofen auf 200° C (Gas: Stufe 3, Umluft: 180° C) vorheizen. Rucola waschen und trocken schleudern.

2 Toasts auf ein Backblech legen und jeweils 1 Loch ausstechen. Je 1 Ei hineinschlagen und mit Salz und Pfeffer würzen. Toastkreise und Ei-Toasts mit Käse bestreuen und im Backofen auf mittlerer Schiene ca. 10 Minuten backen. Toasts mit Rucola garnieren und warm servieren.

Tanjas Tipp

Ein sättigendes Blitzrezept. Gab es schon häufiger bei uns und schmeckt total super. Den Käse kann man natürlich nach Belieben variieren.

Einfach lecker!

Um die Toastscheiben auszustechen, kannst du einen Plätzchenausstecher oder ein Trinkglas verwenden. Die Toastkreise passen super zu einem frischen grünen Salat.

Pilz-Bruschetta

Zubereitungszeit 10 Min. Garzeit 10 Min.

5

180 kcal | 753 kJ

Für 4 Stück
400 g gemischte Pilze
3 Zweige Thymian
2 TL Olivenöl
1 Knoblauchzehe
Salz, Pfeffer
4 Scheiben Weizenbrot (à 50 g)
60 g Ziegenfrischkäse,
45 % Fett i. Tr.

1 Backofen mit Grillfunktion auf 220° C (Gas: Stufe 4, Umluft: 200° C) vorheizen. Pilze trocken abreiben und in Scheiben schneiden. Thymian waschen, trocken schütteln und 2 Zweige hacken.

2 Öl in einer Pfanne auf mittlerer Stufe erhitzen und Pilze darin ca. 4 Minuten rundherum anbraten. Knoblauch dazupressen und ca. 1 Minute mitbraten. Gehackten Thymian dazugeben und mit Salz und Pfeffer würzen.

3 Brote auf ein Backblech legen, Pilzmischung daraufgeben und Ziegenkäse darauf verteilen. Bruschetta im Backofen auf oberer Schiene 5–7 Minuten gratinieren, mit restlichem Thymian garnieren, mit Pfeffer würzen und warm genießen.

Topinambur-Fisch-Gratin mit Grünkohlchips

Zubereitungszeit 25 Min. Garzeit 30 Min.

5–10

384 kcal | 1606 kJ

Für 4 Personen
150 g Grünkohl
1 EL Olivenöl
600 g Topinambur
500 g mehligkochende Kartoffeln
Salz, Pfeffer
600 ml fettarme Milch
1 EL Halbfettmargarine
500 g Kabeljaufilet
1 kleine unbehandelte Zitrone
2 EL Speisestärke
3 EL Wasser
2 EL gehackter Dill

1 Backofen auf 180° C (Gas: Stufe 2, Umluft: 160° C) vorheizen. Grünkohl waschen, in mundgerechte Stücke zerteilen und mit Öl auf einem mit Backpapier ausgelegten Backblech vermischen. Grünkohl im Backofen auf mittlerer Schiene 10–15 Minuten backen.

2 Topinambur und Kartoffeln schälen, in Stücke schneiden und in Salzwasser 15–20 Minuten garen. Topinambur und Kartoffeln abgießen, dabei ca. 50 ml Wasser auffangen. Beides mit Wasser, 150 ml Milch und Margarine zerstampfen und mit Salz und Pfeffer abschmecken. Grünkohl mit 1/2 TL grobem Salz würzen, beiseitestellen und Backofentemperatur auf 200° C (Gas: Stufe 3, Umluft: 180° C) erhöhen.

3 Kabeljaufilet abspülen, trocken tupfen, in Stücke schneiden, in eine Auflaufform (ca. 20 x 30 cm) legen und mit Salz und Pfeffer würzen. Zitronenschale abreiben, eine Hälfte auspressen und restliche Zitrone in Spalten schneiden. Für die Sauce restliche Milch in einem Topf auf mittlerer Stufe aufkochen. Stärke mit Wasser anrühren, zur Milch geben, erneut aufkochen und mit Salz und Pfeffer abschmecken. Sauce mit Dill, Zitronenschale und -saft verfeinern.

4 Topinambur-Kartoffel-Püree um den Kabeljau herum verteilen, mit Sauce begießen und im Backofen auf mittlerer Schiene ca. 15 Minuten backen. Gratin mit Grünkohlchips und Zitronenspalten servieren.

Grillgemüse vom Blech mit Schafskäse & Pesto

Zubereitungszeit 25 Min. Backzeit 30 Min.

7–11

388 kcal | 1623 kJ

Für 4 Personen
500 g Süßkartoffeln
1 Broccoli (ca. 500 g)
2 rote Zwiebeln
250 g Cocktailtomaten
2 EL Olivenöl
Salz, Pfeffer
180 g Schafskäse, 25 % Fett i. Tr.
1/2 unbehandelte Zitrone
1 TL Honig
1/2 TL Sumach
80 g Baby-Blattspinat
1 Bund Basilikum
1 Knoblauchzehe
25 g Sonnenblumenkerne
30 g geriebener Parmesan
1 EL Wasser

1 Backofen auf 180° C (Gas: Stufe 2, Umluft: 160° C) vorheizen. Süßkartoffeln schälen und würfeln. Broccoli waschen und in Röschen teilen. Zwiebeln schälen und in Spalten schneiden. Tomaten waschen, mit Süßkartoffeln, Broccoli und Zwiebeln auf einem mit Backpapier ausgelegten Backblech verteilen und mit 1 EL Öl, Salz und Pfeffer vermischen.

2 Schafskäse auf das Gemüse setzen. Zitronenschale abreiben und Zitronenhälfte auspressen. 2 TL Zitronensaft mit Honig und Sumach verrühren, über den Schafskäse träufeln und Gemüseblech im Backofen auf mittlerer Schiene ca. 30 Minuten backen.

3 Spinat waschen und trocken schleudern. Für das Pesto Basilikum waschen, trocken schütteln und mit 25 g Spinat, Knoblauch, Sonnenblumenkernen, Parmesan, Zitronenschale, restlichem Zitronensaft, restlichem Öl und Wasser pürieren. Pesto mit Salz und Pfeffer abschmecken. Grillgemüse mit restlichem Spinat garnieren und mit Pesto servieren.

Putenbraten mit Rosenkohl & Wurzelgemüsesauce

Zubereitungszeit 30 Min. Garzeit 35 Min.

2-8

397 kcal | 1663 kJ

Für 4 Personen
500 g Putenbrustfilet
4 TL Olivenöl
1 1/2 EL getrocknete Kräuter der Provence
Salz, Pfeffer
2 rote Zwiebeln
500 g Rosenkohl
800 g festkochende Kartoffeln
1 Karotte
150 g Knollensellerie
150 ml Gemüsebrühe (1/2 Instantpulver)
50 g saure Sahne
1 TL Dijon-Senf

1 Backofen auf 180° C (Gas: Stufe 2, Umluft: 160° C) vorheizen. Putenbrustfilet rundherum mit 2 TL Öl bestreichen, mit 1 EL Kräutern, Salz und Pfeffer einreiben und in eine Auflaufform (ca. 20 x 30 cm) legen. Putenbrust im Backofen auf mittlerer Schiene ca. 10 Minuten backen.

2 Zwiebeln schälen und in Streifen schneiden. Rosenkohl putzen, kreuzweise einschneiden, mit der Hälfte der Zwiebeln, restlichem Öl, Salz und Pfeffer vermischen und um die Putenbrust herum verteilen. Putenbrust und Gemüse weitere 20–25 Minuten backen.

3 Kartoffeln waschen, in Salzwasser ca. 20 Minuten garen, abgießen und halbieren. Für die Sauce Karotte und Sellerie schälen, in Stücke schneiden, mit Brühe in einen Topf geben und auf mittlerer Stufe ca. 15 Minuten garen. Gemüse samt Brühe mit saurer Sahne, restlichen Zwiebeln, restlichen Kräutern, Senf, Salz und Pfeffer pürieren. Putenbraten in Scheiben schneiden und mit Kartoffeln, Rosenkohl und Wurzelgemüsesauce genießen.

Putenbrust-Lauch-Auflauf mit Brothaube

Zubereitungszeit 15 Min. Garzeit 40 Min.

8–9

373 kcal | 1562 kJ

Für 4 Personen

400 g Putenbrustfilet
3 Stangen Lauch
2 Scheiben Bacon (à 25 g)
1 TL Rapsöl
1 EL Halbfettmargarine
1 EL Mehl
400 ml entrahmte Milch
1 EL körniger Senf
40 g geriebener Cheddar, 50 % Fett i. Tr.
Salz, Pfeffer
80 g Sauerteigbrot
2 TL gehackter Estragon
1 TL Olivenöl
2 EL geriebener Parmesan

1 Putenbrustfilet trocken tupfen und in feine Streifen schneiden. Lauch waschen und in Ringe schneiden. Bacon in kleine Stücke schneiden. Rapsöl in einer Pfanne auf mittlerer Stufe erhitzen und Putenbrust darin ca. 5 Minuten rundherum braten. Putenbrust herausnehmen und Lauch mit Bacon im Bratensatz 6–8 Minuten anbraten.

2 Backofen auf 180° C (Gas: Stufe 2, Umluft: 160° C) vorheizen. Margarine in einem Topf auf mittlerer Stufe schmelzen, Mehl dazugeben und anschwitzen. Mit Milch ablöschen und unter Rühren 2–3 Minuten köcheln lassen. Senf und Cheddar einrühren, Pute, Lauch und Bacon dazugeben und mit Salz und Pfeffer würzen.

3 Brot in große Würfel schneiden und mit Estragon und Olivenöl vermischen. Putenbrust-Lauch-Mischung in eine ovale Auflaufform (Ø 26 cm) geben, Brotwürfel darauf verteilen, mit Parmesan bestreuen und im Backofen auf mittlerer Schiene 20–25 Minuten backen. Putenbrust-Lauch-Auflauf genießen.

Streichzarter Ersatz

Du kannst statt der Halbfettmargarine auch den WW Brotaufstrich verwenden. Erhältlich in gut sortierten Supermärkten oder unter wwshop.de.

Zwiebel-Tomaten-Kuchen mit Gruyère

Zubereitungszeit 25 Min. Garzeit 90 Min.

8–10

329 kcal | 1377 kJ

Für 6 Stücke
500 g bunte Cocktailtomaten
2 TL Olivenöl
Salz, Pfeffer
150 g Vollkornmehl
125 g Magerquark
70 g Halbfettmargarine
2 EL Weißweinessig
1 EL gehackter Thymian
6 Zwiebeln
100 g Gruyère
3 Eier (Größe M)
200 ml entrahmte Milch
2 EL Pinienkerne
30 g Rucola

1 Backofen auf 140° C (Gas: Stufe 1/2, Umluft: 120° C) vorheizen. Tomaten waschen, halbieren, mit Öl und 1 TL Salz vermischen, auf einem mit Backpapier ausgelegten Backblech verteilen und im Backofen auf mittlerer Schiene ca. 45 Minuten backen.

2 Tomaten beiseitestellen und Backofentemperatur auf 200° C (Gas: Stufe 3, Umluft: 180° C) erhöhen. Mehl, Quark, 50 g Margarine, Essig, Thymian und 1 TL Salz verkneten. Eine runde Auflaufform (Ø 26 cm) mit 10 g Margarine fetten. Teig zwischen Backpapier rund ausrollen und Auflaufform damit auskleiden, dabei einen ca. 2 cm hohen Rand formen. Teig im Backofen auf mittlerer Schiene 10–15 Minuten backen.

3 Zwiebeln schälen und in Ringe schneiden. Restliche Margarine in einer Pfanne auf niedriger Stufe erhitzen und Zwiebeln darin 12–15 Minuten dünsten. Für den Guss Gruyère reiben und mit Eiern, Milch, Salz und Pfeffer verquirlen. Zwiebeln auf dem Teigboden verteilen, Guss darübergeben und Tomaten darauf verteilen. Kuchen im Backofen auf mittlerer Schiene ca. 20 Minuten backen.

4 Mit Pinienkernen bestreuen und weitere ca. 10 Minuten backen. Rucola waschen und trocken schleudern. Zwiebel-Tomaten-Kuchen kurz abkühlen lassen, mit Rucola garnieren, in 6 Stücke schneiden und genießen.

Schweinekotelett mit Rosenkohl und Trauben

Zubereitungszeit 15 Min. Backzeit 40 Min.

5-9

360 kcal | 1505 kJ

Für 4 Personen

300 g Süßkartoffeln
500 g Rosenkohl
1 kleine Zwiebel
2 Zweige Rosmarin
2 EL Olivenöl
Salz, Pfeffer
4 Schweinekoteletts ohne Knochen (à 80 g)
3 EL grober Senf
200 g kernlose dunkle Weintrauben
100 g kernlose helle Weintrauben

1 Backofen auf 200° C (Gas: Stufe 3, Umluft: 180° C) vorheizen. Süßkartoffeln waschen und in Spalten schneiden. Rosenkohl putzen und halbieren. Zwiebel schälen und in Streifen schneiden. Rosmarin waschen, trocken schütteln und grob hacken. Zwiebeln, Süßkartoffeln und Rosenkohl auf einem Backblech verteilen, mit Öl und der Hälfte des Rosmarins vermischen und mit Salz und Pfeffer würzen. Gemüse im Backofen auf mittlerer Schiene ca. 25 Minuten rösten.

2 Schweinekoteletts trocken tupfen, mit Salz und Pfeffer würzen, mit Senf bestreichen und mit restlichem Rosmarin bestreuen. Weintrauben waschen. Gemüse durchrühren, Koteletts auf das Backblech legen und Weintrauben rundherum verteilen. Koteletts, Gemüse und Weintrauben 10–15 Minuten fertig backen und servieren.

Pilz-Thymian-Pasteten

Zubereitungszeit 15 Min. Garzeit 40 Min.
Kühlzeit 15 Min.

5

128 kcal | 534 kJ

Für 12 Stück
2 Schalotten
500 g braune Champignons
1 TL Rapsöl
3 Knoblauchzehen
60 ml trockener Weißwein
Salz, Pfeffer
1 EL gehackter Thymian
1 EL gehackte Petersilie
1 Packung Mürbeteig (Frischprodukt, 300 g)
1 EL Wasser
1 1/2 EL ungesüßter Mandeldrink (alternativ entrahmte Milch)

1 Schalotten schälen und fein würfeln. Champignons trocken abreiben und in kleine Würfel schneiden. Öl in einer Pfanne auf mittlerer Stufe erhitzen und Schalotten darin 6–7 Minuten braten. Champignons dazugeben und weitere 3–4 Minuten mitbraten. Knoblauch dazupressen, ca. 1 Minute mitbraten und mit Wein ablöschen. Pilzmischung 3–4 Minuten garen, mit Salz und Pfeffer würzen und mit Thymian und Petersilie verfeinern.

2 Backofen auf 200° C (Gas: Stufe 3, Umluft: 180° C) vorheizen. Mürbeteig entrollen, in 12 Quadrate schneiden und Pilzmischung jeweils mittig daraufgeben. Teigränder mit Wasser bepinseln, über die Füllung klappen und wellenförmig zu Dreiecken falten. Pasteten ca. 15 Minuten kalt stellen, auf ein mit Backpapier ausgelegtes Backblech legen und mit Mandeldrink bestreichen. Pasteten im Backofen auf mittlerer Schiene ca. 25 Minuten backen und genießen.

Linsenpuffer mit Kartoffelwedges & Roter Bete

Zubereitungszeit 30 Min. Garzeit 45 Min.
Kühlzeit 15 Min.

4–10

501 kcal | 2096 kJ

Für 4 Personen

700 g festkochende Kartoffeln
1 Karotte
Salz, Pfeffer
500 g Rote Bete
5 TL Rapsöl
3 große Zwiebeln
1 EL Halbfettmargarine
150 ml Wasser
1 EL Sojasauce
200 g Champignons
2 Dosen Linsen
(à 255 g Abtropfgewicht)
2 EL gehackte Petersilie
40 g Parmesan
2 Eier (Größe M)
400 g grüne Bohnen

1 Backofen auf 200° C (Gas: Stufe 3, Umluft: 180° C) vorheizen. Kartoffeln schälen und vierteln. Karotte schälen und in Stücke schneiden. 200 g Kartoffeln mit Karotten in Salzwasser ca. 15 Minuten garen. Rote Bete schälen, in Spalten schneiden und mit restlichen Kartoffeln auf einem Backblech verteilen. Mit 2 TL Öl, Salz und Pfeffer vermischen und im Backofen auf mittlerer Schiene ca. 30 Minuten backen, dabei gelegentlich durchrühren. Zwiebeln schälen, 2 1/2 Zwiebeln in Ringe schneiden und restliche Zwiebel würfeln. Margarine in einer Pfanne auf niedriger Stufe schmelzen und Zwiebelringe darin ca. 15 Minuten dünsten. Mit Wasser und Sojasauce ablöschen, weitere ca. 10 Minuten garen und mit Salz und Pfeffer würzen.

2 Champignons trocken abreiben und würfeln. 1 TL Öl in einer Pfanne auf mittlerer Stufe erhitzen und Champignons mit Zwiebelwürfeln darin ca. 3 Minuten anbraten. Kartoffeln und Karotten abgießen. Linsen abspülen, abtropfen lassen und mit Kartoffeln, Karotten, Pilzen, Petersilie, Salz und Pfeffer pürieren. Parmesan und Eier unterrühren und Masse ca. 15 Minuten kalt stellen. Bohnen waschen, in Salzwasser ca. 10 Minuten garen und abgießen. Restliches Öl in einer Pfanne auf mittlerer Stufe erhitzen und aus der Linsenmischung darin nacheinander 8 Puffer backen, dabei ca. 5 Minuten von jeder Seite braten. Linsenpuffer mit Kartoffelwedges, Roter Bete, Zwiebelringen und Bohnen servieren.

Register nach Alphabet

Register nach Zutaten und Stichworten

Fisch & Meeresfrüchte

Fleisch & Schinken

Geflügel

Hülsenfrüchte

Vegan

Vegetarisch

vegetarisch vegan

glutenfrei laktosefrei nussfrei

Die Kennzeichnung wie zum Beispiel „gluten-“, „laktose-“ oder „nussfrei“ bei den Rezepten ist rein informativ und nicht verbindlich. Es liegt in der persönlichen Verantwortung zu prüfen, ob die verwendeten Lebensmittel die Anforderungen erfüllen.

Impressum

Herausgeber & Redaktion
WW (Deutschland) GmbH
Claudia Braun, Iris Hermann

Rezepte & Realisierung
Geschmackswerk UG
Nathalie Döscher, Silke Höpker

Fotografie & Styling
WW International

Foodstyling
WW International

Bildnachweise
WW International,
Getty Images

Gestaltungskonzept & Grafik
Geschmackswerk UG, Petra Penker

Druck
paffrath print & medien GmbH

WW (Deutschland) GmbH
ww.com
Info-Hotline 0211-36874236
SKU: 402425
ISBN: 978-3-9822975-8-3

1. Auflage 2022

Wir freuen uns auf deine Bewertung dieses Kochbuchs unter:
wwshop.de oder schicke uns eine E-Mail an leserservice@ww.com

Zeigt uns eure Rezeptfotos!
Jetzt auf Instagram posten:
#wwkochbuch